D'Haserlschui

*A lustigs Böiderbiachl vom
Koch-Gotha Fritz*

*mit Verserl vom
Sixtus Albert*

*Ins Boarische iwatrogn vom
Spinner Meinrad*

F.Koch-Gotha

»Kinder«, sogt die Hosnmamma,
»richts enk öitz für d'Schui schee zamma!
Putzts enk d'Nosn nomme guat,
wia ma's mit an Krautblattl tuat!
Dann nehmts Tofe, Stift und Biachl
und an Schwamm oder a Tiachl.
Daaß jed's sauwane Pföderl hot!«
»Liawe Mamma, pfiat di God!«

Da Hosnhans und 's Hosngreterl
hoitn se schee bei de Pföderl
und marschiern durch d'Wies davo.
Sakkrisch friah sans all zwoa dro.
's kemman no mehr junge Hosn.
So wird dees a scheene Blosn.
Aafm Buckl sitzt as Ranzerl,
hintn wacklt 's Hosnschwanzerl.

Öitz geht's no iwara Quöin
und dann durch a kloane Döin.
Bei de houa Tannabaam
aaf da Wies, do kemmans zamm.
Kloane Benkan, Reih für Reih,
stengan do, zwoa oder drei.
Bloß oan Hupfara braucht's öitz no
und dann sitzns aa scho do.

Da Hausmoaster muaß d'Glockn leitn
und fürn Lehrer daat's bedeitn,
daaßa öitza kemma soi.
Wei sei Zimmer is scho voi.
D'Bröin is rund, sei Bort is grau,
d'Ohrn san lang und hern genau.
Brav dans d'Hend zum Betn zamm,
weis ja aa an Anstand ham.

Mit da erstn Stund geht's o,
Pflanznkunde is heit dro,
und bevors a Antwort gebn
miassns eahra Pfoderl hebn.
Ois ersts mecht da Lehrer wissn:
»Wos für Kreiter ko ma essn?«
Da Hosnhans, der schreit glei laut:
»Am allerbestn schmeckt as Kraut!«

In da nechstn Stund san glei
dann de Viecher an da Reih.
Zerst wird eah vom Fuchs, dem besn,
wos ma wissen muaß, vorglesn,
wiara staad und federleicht
über Föid und Wiesn schleicht.
Und as Greterl denkt se sched:
»Fanga derf mi der fei net.«

D'Aigerl leichtn, schauts es o –
öitz is Oier Omoin dro.
Jed's hot scho an Pinsl gnumma,
und dann wird des Oa rundumma
wunderschee ganz foarbig gmoit,
wia's im Nest drin ausschau soit.
Wer's net lernt, der konn ums Sterbn
nia a Ousterhaserl wern.

Wenn's dann zu da Pause leit,
ham de Hosnbuama Freid.
Öitzat springans iwa d'Wies,
dass de hechste Gaude is.
D'Deandl owa essn schee
jede ihran Brotzeitklee,
und zu zwoat marschierns tipp-tapp
aafn Schuihof aaf und ab.

Da Hosnmax, der Frechdachs, konn
heit sei Verserl net aafsogn.
Pfiffa hota und aaf d'letzt
an Roog vom Hosnlieserl zfetzt.
Dann aa no a Benk zammghaut,
und do lochta frech und laut.
Öitz muaßa im Eckerl steh.
Dees wia's scheint, is net so schee.

D'Hosnmine, de is gscheit.
Da Lehrer hotmit ihr vui Freid.
Drum derfs eahm sei Geign herbringa,
und dann dans a Liadl singa.
Da Lehrer hot sei Geign zerst gstimmt.
Wenna dann an Bogn nimmt –
Der is schomit Pech eigstricha –
klappt des Gsangl guat und sicher.

Vo de Buam wern d'Krautköpf gossn,
weis scho Blattln henga lossn.
Fleißi laffans hie und her.
So, öitz langt's, es braucht nix mehr.
Und wos miassn d'Deandln tua?
Grosn dans in oier Ruah.
Und da Lehrer schaut genau,
Daaß oiß stimmt im Goartnbau.

In da oierletztn Stund
turnens – und des hot sein Grund.
Lerna miassns, wird ma gjogt,
wia ma schnöi an Hakn schlogt,
daaß da Hund net gwinnt am End,
wei ja der koa Gnad net kennt,
wenn vom Jaager 's Büchserl kracht
in da koitn Winterpracht.

F. Koch-Gotha - 23

Endlich sogt da Lehrer: »Herts,
weits öitz nacha hoamgeh werds.
Lossts nix liegn do in da Schui,
und am Hoamweg ratschts net zvui.
Bleibts am Weg, dann geht oiß guat.
Da Fuchs oft in de Stauan lurt,
hot enk der erst beim Schlafittl,
gibt's dagegn ganz gwieß koa Mittl.«

Lusts, wer wimmert do a so:
»Liabe Haserl, schauts mi o!
Mei, i bin so schwach und matt!
Höifts ma doch, sunst stirb i glatt!«
Uiala, des is da Fuchs!
D'Augn, de leichtn wia beim Luchs.
D'Hosnkinder schaun se o,
und scho sans aaf und davo.

Öitz is 's gschafft und d'Schui is aus,
d'Haserl san dahoam im Haus.
Hungern tuats öitz wia net gscheit
und se frogn, »wos gibtsn heit?«
Kopfsolot und a frisch Kraut!
Wia do jeder einihaut!
Wenn i net a Kinderl waar,
mecht i glei a Haserl saa!

Titel der deutschen Originalausgabe: Die Häschenschule.
Ein lustiges Bilderbuch von Fritz Koch-Gotha zu Versen von Albert Sixtus.
© 1924 Alfred Hahn's Verlag
Thienemann-Esslinger GmbH, Stuttgart
www.thienemann-esslinger.de
Alle Rechte vorbehalten

2. Auflage

Genehmigte Lizenzausgabe für:

© 2018, 2012 Edition Tintenfaß
69239 Neckarsteinach
www.verlag-tintenfass.de
info@verlag-tintenfass.de

Satz: τ-λεχις · O. Lange, Heidelberg

ISBN 978-3-943052-32-9